AF429220